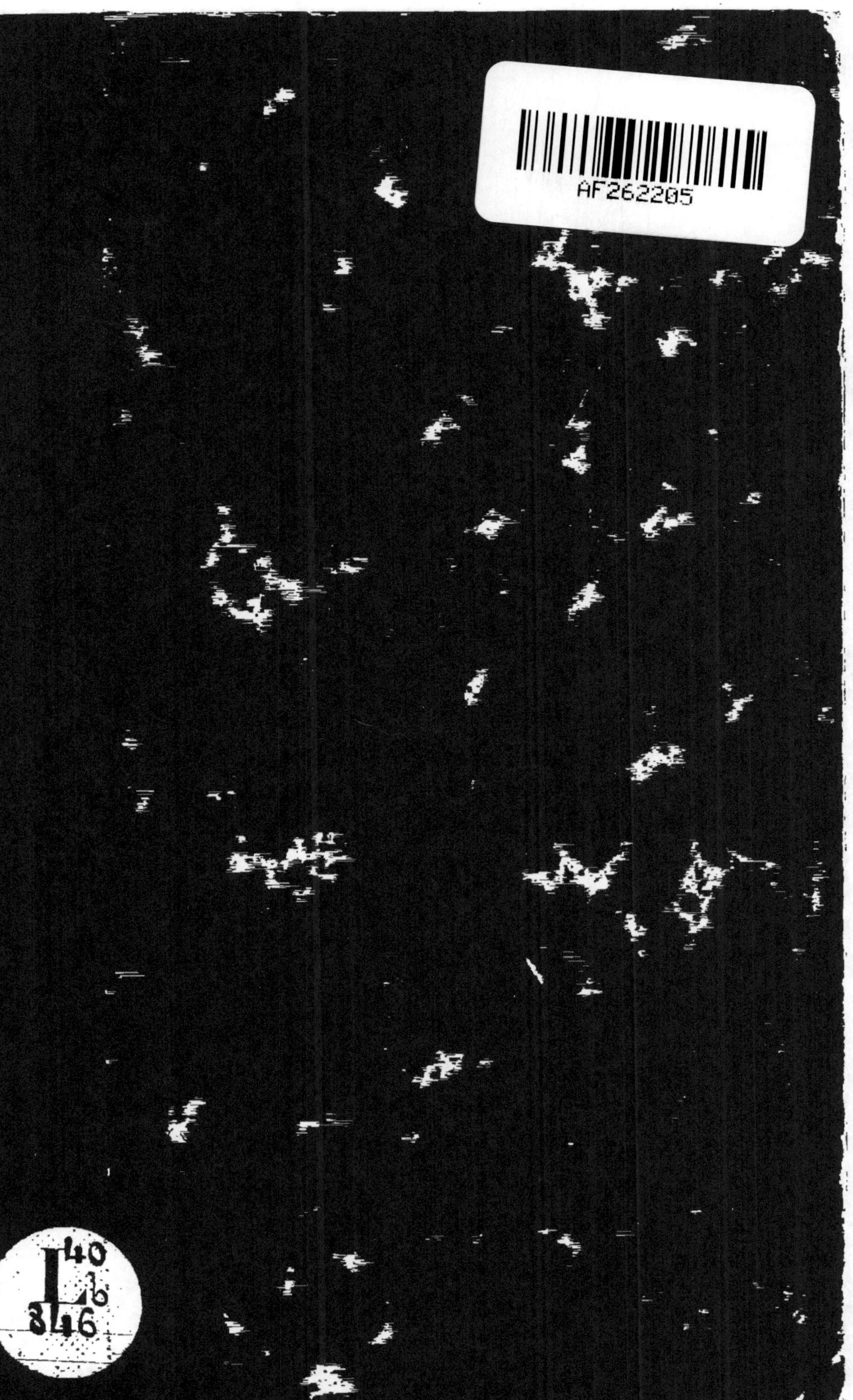

AF262205

OPINION

ÉNONCÉE A LA SOCIÉTÉ DE 1789,

SUR LES

LOIX CONSTITUTIONNELLES,

LEURS CARACTÈRES DISTINCTIFS , LEUR
ORDRE NATUREL , LEUR STABILITÉ
RELATIVE , LEUR REVISION SOLEM-
NELLE.

OPINION

ÉNONCÉE A LA SOCIÉTÉ DE 1789,

SUR LES

LOIX CONSTITUTIONNELLES,

LEURS CARACTÈRES DISTINCTIFS, LEUR ORDRE NATUREL, LEUR STABILITÉ RELATIVE, LEUR REVISION SOLEMNELLE.

Par L. RAMOND, membre de cette société.

PREMIERE PARTIE.

A PARIS,

Chez BELIN, Libraire, rue Saint-Jacques, près Saint-Yves.

1791.

OPINION

SUR LES

LOIX CONSTITUTIONNELLES.

PREMIERE PARTIE.

*Lue à la Société de 1789, le 9 janvier 1791,
et imprimée, sur l'invitation de cette Société.*

Messieurs,

Lorsque vous daignâtes me mettre au nombre des commissaires que vous chargiez de fixer votre opinion sur le moyen de classer nos loix constitutionnelles et de terminer la constitution, j'étais loin de prévoir les difficultés que devait rencontrer l'exécution de vos ordres. Depuis long-tems attentif à la marche de l'Assemblée nationale, et pénétré de son esprit, je croyais, je l'avoue, avoir une idée précise de ce que je devais entendre par cette Constitution, dont l'a-

A 2

chèvement est l'objet de tant de vœux. Et, comme si un peu de superstition se mêlait au libre hommage que je rends aux principes de la majorité de l'Assemblée, je m'étais dissimulé, en quelque sorte, ce que peut avoir de force, pour de très-bons esprits, cette opinion qu'il n'y a rien de salutaire et de solide dans la distinction, que les Américains ont pour la première fois introduite, entre les loix constitutionnelles et les loix réglementaires, entre les formes prescrites pour la confection de celles-ci, et les formes plus solemnelles réservées à la revision de celles-là.

Mais à peine votre comité fut formé, et à peine la nature de son travail fut déterminé, que cette dernière opinion y acquit assez de force pour partager le sentiment de ses membres ; et que je ne pus refuser davantage mon attention à un système que je trouvais défendu, avec la chaleur de la plus intime persuasion, par cet homme respectable, depuis si long-tems ami et apôtre de la liberté, depuis si long-tems guéri du préjugé des doctrines, et dans les méditations duquel les vérités les plus abstraites depouillent leur vêtement doctoral pour renaître familières, usuelles, accessibles aux plus humbles esprits.

M. de Casaux a porté, Messieurs, sa cause à

(5)

votre tribunal (1). Son discours du 17 novembre dernier, offre un système trop spécieux, des idées d'organisation sociale d'une trop séduisante simplicité, des vues trop profondes sur l'enfance et l'émancipation des sociétés humaines, des espérances trop bien fondées sur leur perfectibilité ; il y a trop de grandes, de consolantes, d'incontestables vérités répandues sur le fonds douteux de son écrit, pour qu'il soit permis de le laisser sans examen et sans réponse. Il faut le vaincre ou en être vaincu. C'est le devoir des meilleurs esprits de tenter cette victoire ou d'avouer cette défaite ; et ce serait de ma part une présomption dont je suis incapable, si depuis deux mois passés, il s'était présenté dans cette tribune quelqu'autre qui eût relevé le gant que M. de Casaux y a jetté.

Peut-être, même, j'ai trop tardé, Messieurs, à remplir les engagemens qu'à cet égard j'avais pris avec vous. Mais tout me fesait une loi de laisser écouler du tems. Nul n'est plus que moi dépendant de lui, lorsqu'il s'agit d'écarter les

-----

(1) Voyez le discours prononcé par M. de Casaux à la société de 1789, et imprimé par ordre de cette société, intitulé : *Apperçu de la constitution française, par un homme de l'Amérique ; et Réponse sommaire à tout ce qu'on a écrit et écrira en France et en Angleterre, pour, sur et contre cette constitution.* A Paris, chez Lejay fils.

A 3

ténèbres qui enveloppent les questions abstraites ;
et c'est une des nombreuses infirmités de ma nature , de ne pouvoir dominer qu'à force de tems
ces vérités que de meilleurs esprits dominent à
force de supériorité. Il faut, je vous l'avoue ,
qu'une idée ait été long-tems ma compagne
habituelle ; il faut qu'elle ait long-tems erré
avec moi ; qu'elle se soit prêtée long-tems à
mes infidélités comme à mes empressemens ;
que , long-tems elle ait été la passion de mes
études et le jouet de mes distractions , avant
que j'ose la traiter avec cette familiarité qui dis-
sipe toute contrainte , écarte tous les voiles , et
fait succéder les douceurs d'une intime jouissance
aux ardeurs d'une pénible poursuite...... Il me
fallait du tems , et je n'en ai point eu assez ; mais il
vole pour tout autre que pour moi. Tout retentit
déja de discussions sur l'importante matière que
je vais traiter. Elle est aux portes de l'Assemblée
nationale ; et cette assemblée , dont le sort iné-
vitable est d'aller tour-à-tour et si lentement et
si vite ; cette assemblée , que le tumulte des évé-
nemens et le cahos des besoins forcent si souvent
de préjuger ce qu'elle va bientôt juger , foulera
dans sa course et l'écrit de M. de Casaux et le
mien , et bien d'autres , plus dignes que le mien
de son attention , s'ils n'ont pas assez dominé
par la distance du tems , l'instant où l'examen

n'est plus que délai ; où il faut décider , non parce qu'il faut juger , mais parce qu'il faut finir.

Je vaincrai donc la répugnance que j'ai à produire de demi-travaux , et à fixer l'attention d'êtres pensans sur de demi-conceptions ; et sacrifiant l'honneur d'épuiser le sujet sur lequel cette société veut être éclairée , je remplirai le devoir pressant de lui exposer quel est aujourd'hui pour moi l'état de la contestation.

A quel ordre de loix rapporter , et à quels caractères généraux reconnoître les loix auxquelles la dénomination de constitutionnelles peut , comparativement et exclusivement , être affectée ?

Est-il possible d'indiquer , dans le nombre des loix que l'assemblée nationale a décrétées et décrétera , celles qui doivent former exclusivement la constitution française ?

Si cela est possible , est-il à propos de conférer aux loix qui composeront la constitution française , le privilège d'une stabilité plus assurée , par les formes d'une revision plus solemnelle ?

Si cela est à propos , comment l'effet reprimant de ce privilège peut-il être concilié , dans l'exécution , avec le libre et complet exercice du premier droit des peuples : celui de réformer à leur gré le gouvernement qui ne leur convient plus ?

A 4

Ces quatre questions vous présentent, Messieurs, l'objet de la discussion sous toutes ses faces, et dans toute son étendue. Vous reconnaîtrez aisément, à la manière dont je les pose, que la solution de la seconde et de la quatrième est mon but ; que celle de la première et de la troisième est mon moyen ; et que si, en répondant aux unes, je parviens à lever les doutes qui étaient venus décourager votre comité ; j'aurai l'avantage, en résolvant les autres, de fournir une base plus solide à ses travaux ultérieurs.

PREMIERE QUESTION.

À QUEL ORDRE DE LOIX RAPPORTER, ET A QUELS CARACTÈRES GENERAUX RECONNAÎTRE LES LOIX AUXQUELLES LA DÉNOMINATION DE CONSTITUTIONNELLES PEUT COMPARATIVEMENT ET EXCLUSIVEMENT ÊTRE AFFECTÉE ?

DEPUIS le tems que les publicistes les plus consommés de l'ancien et du nouveau monde, prononcent les mots de *constitution* et de *constitutionnel*, il me serait difficile d'imaginer que ces expressions aient eu pour eux un sens tellement vague, qu'il soit impossible de déterminer à quel ordre de

choses appartiennent les loix auxquelles ils con-
fèrent cette dénomination ; et depuis qu'ils font
profession de reconnaître, entr'elles et la liberté,
tant civile que politique, des rapports plus étroits,
il ne serait pas facile de supposer que ces loix ne
soient pas d'une nature plus sacrée et plus invio-
lable que celles de la classe réglementaire.

Mais, comme je ne puis alléguer des autorités,
lorsqu'il s'agit d'écarter une autorité, c'est dans
la nature même des loix auxquelles les sociétés |
sont soumises, que je dois chercher les caractères de celles qui méritent exclusivement le nom
de constitutionnelles.

Dans l'état actuel des choses, les sociétés sont
et seront régies par deux ordres de loix bien dis-
tincts l'un de l'autre ; loix dont les origines ne
peuvent être confondues ; loix obligatoires à des
titres tout différens ; les unes promulguées aux
consciences, les autres à la raison ; les unes éma-
nées de la toute-puissance qui créa l'espèce
humaine, les autres choisies par les hommes
en vertu du droit et du pouvoir qui leur a été
donné, de veiller à leurs intérêts tant factices
que naturels, et de se procurer tout le bonheur
attaché à la perfectibilité sociale ; les premières
observées, rédigées et déclarées par les philoso-
phes ; les autres discutées, convenues et impo-
sées par les législateurs.

La distinction n'est pas neuve : il s'agit des loix naturelles et des loix civiles.

Elle n'est pas neuve ; mais il est nécessaire que je vous la rappelle , puisque l'Assemblée nationale n'y a pas été toujours assez attentive pour ne pas ravaler des loix naturelles à la simple condition de loix civiles ; et puisque M. de Casaux ne l'a pas eu assez constamment sous les yeux pour ne pas conférer à des loix simplement conventionnelles , cette immutabilité qui n'appartient qu'aux loix et au législateur de l'univers et de l'éternité.

Si l'assemblée nationale se l'était toujours rappellée , cette importante distinction , aurait-elle abaissé au rang des loix simplement et relativement constitutionnelles , et la suppression des servitudes personnelles et réelles , et l'abolition de la noblesse , et le refus de la protection de la société aux vœux monastiques ? Si elle se rappelle toujours cette distinction , ne verra-t-elle rien que loix simplement et relativement constitutionnelles , dans la déclaration de l'inviolabilité des domiciles , du respect dû au sceau des lettres, de l'irrestreignable liberté des personnes qui ne sont point citées au nom de la loi devant les juges légaux ?... Conséquences immédiates de ces vérités suprêmes que l'Assemblée nationale n'est pas libre de déclarer ou de ne pas déclarer ;

qu'aucun peuple n'est libre de reconnaître ou
de ne pas reconnaître ; qui ne tiennent ni au
tems , ni aux lieux , ni aux conventions ; qui
descendent de cette hauteur où le torrent des
générations a pris sa source , et devant lesquelles
l'humanité ne peut que baisser la tête, une fois que
le tems de les ignorer est passé ; vérités, enfin,
que l'assemblée nationale ne décrète ni ne juge ,
mais profère , mais reconnaît et confesse , par
des décisions qu'elle rend en conformité des principes avoués dans la Déclaration des droits , et
en vertu de cet acte du peuple , seul fondement
réel du gouvernement représentatif , de cet acte
où je lis : *Allez , vous que nous connoissons pour les*
plus sages d'entre nous ; allez au centre de cette grande
société , dont chacun de nous ne peut peser tous les
intérêts , et où la plupart ne sauroient décider ce qui
est juste ; allez : concertez-vous ensemble ; éclairez-
vous mutuellement ; et déclarez, en votre conscience ,
ce que vous croyez conforme à la justice éternelle , et
convenable au bien-être de tous.

Que ne puis-je , Messieurs , vous rendre per-
ceptible cette lueur qui éclaire , en ce moment ,
ma pensée ! Vous dépeindre cet état futur des
sociétés , où la simple application des cas aux
principes fera toute la gloire et la puissance de
ceux qui gouverneront les hommes ; où ces élus
qui sont au centre de la société pour en rassem-

bler et en perfectionner les volontés , auront
dépouillé l'orgueilleux titre de législateurs , et
ne seront plus que les docteurs de la loi ; où
nul n'ignorera que l'on ne fait pas de loix ,
mais qu'on en découvre et qu'on en déclare ;
où ces institutions qui ne sont que *la volonté de
tous* , et ne sont pas conformes à l'équité prééta-
blie , seront rejettées du sanctuaire de la loi , et
comprises dans la proscription qui enveloppera
tout ce qui n'est que fort , et n'est pas juste.

Mais rendons graces à la destinée qui nous a
fait contemporains de cette époque où déja un
ordre de loix est sorti du règne de l'arbitraire ;
où dans notre juste confiance , nous pouvons
appliquer à un certain nombre de vérités *positi-
ves* , ce que M. de Casaux a trop prodigué à des
vérités seulement *relatives : on peut compter maintenant en France , un million d'hommes capables de
saisir une vérité , quand elle sera bien présentée......
et qui peut enlever une vérité saisie et défendue par
un million d'hommes ?* (pag. 11.)

Je viens de parler des principes , sous les auspices desquels toute constitution doit être éta-
blie ; j'ai donc parlé des loix plus que constitutionnelles ; et j'ai renfermé la recherche des loix
constitutionnelles dans le cercle de ces institutions du second ordre , auxquelles on a donné
le nom de loix civiles.

A peine je jette un coup-d'œil sur ces loix,
que je les vois se diviser en deux classes bien
distinctes. Les plus nombreuses et les plus rapprochées de nos usages journaliers se montrent
d'abord. Plus ou moins indifférentes aux varié-
tés d'organisation des différentes sociétés, celles-
ci appartiennent également à toutes. Elles pourraient convenir en même tems au despotisme
turc, à la monarchie anglaise, à la démocratie
suisse. On les appelle loix de législation, de
police, d'administration : on les prend, on les
laisse : on les ranime, on les oublie. Elles obéis-
sent non-seulement aux localités, mais au tems.
Une lieue de distance peut les déplacer, une
année d'âge les vieillir.

Ces loix sont étrangères comme celles du premier ordre, à la convention sociale : car tout
gouvernement doit accepter les unes ; et tout
gouvernement peut choisir les autres. Celles-là
le dominent ; celles-ci en sont dominées. Les
premières étaient plus que constitutionnelles ;
les dernières sont moins que constitutionnelles.
C'est entre les unes et les autres qu'il faut trouver celles qui ne sont ni plus ni moins que constitutionnelles ; celles qui sont précisément constitutionnelles ; qui sont telles, parce qu'elles
constituent une société donnée ce qu'elle est,
ce que n'est nulle autre ; parce qu'elles ne peu-

vent être adoptées ou rejettées sans que le corps social ne change de forme et de caractère.

Je m'étais proposé, pour première question, de déterminer à quel ordre de loix devaient être rapportées, et à quels caractères généraux pouvaient être reconnues les loix constitutionnelles. Avoir fait ce petit nombre de distinctions, c'est y avoir répondu plus qu'il n'est nécessaire pour la plupart de ceux qui m'écoutent, et autant du moins qu'il le faut pour M. de Casaux, qui, tout en sacrifiant à son systême la nette division de ces idées, sait mieux que bien d'autres ce que c'est que des loix constitutionnelles, lorsqu'il nous avertit qu'*une constitution n'est rien de plus merveilleux qu'une manière d'être gouverné (si l'on est un peuple enfant), ou de se gouverner (si l'on est un peuple homme).* (*) Et lorsqu'il convient plus loin qu'*il faut à la France une constitution, c'est-à-dire ce très-petit nombre de loix générales qui assurent à la France l'énaction successive et l'exécution ponctuelle de toutes les loix dignes de la gouverner* (**).

Mais quelles sont ces loix générales ? Où commencer, et où s'arrêter dans le choix des décrets auxquels cette dénomination peut s'ap-

---

(*) Pag. 7.

(**) Pag. 33.

pliquer ? Telle est la question que M. Roederer a faite à cette société ; que M. le Chapelier a faite ensuite à l'Assemblée nationale ; que l'Assemblée nationale a faite à ses comités, comme vous l'aviez faite aux vôtres ; à laquelle nous attendons que le comité de constitution réponde ; que M. de Casaux semble trouver insoluble, lorsqu'il attribue le silence des comités à une sorte d'impossibilité de concevoir la division qui leur est demandée ; et qui, du moins, ne serait jamais résolue par cette proposition, *que cela seul restera, qui est indestructible* (*), puisque ce n'est point à leur durée ou probable ou certaine, mais à leur situation et à leur objet que les loix constitutionnelles doivent être reconnues, et puisqu'il faudrait donner le premier rang, dans la constitution romaine, à telle loi réglementaire qui survit depuis vingt siècles à cette constitution toute entière...... Telle est enfin la question à laquelle je dois tâcher de répondre nettement.

____

(*) V. L'épigraphe et la conclusion de l'ouvrage de M. de Casaux.

SECONDE QUESTION.

EST-IL POSSIBLE D'INDIQUER, DANS LE NOMBRE DES LOIX QUE L'ASSEMBLÉE NATIONALE A DÉCRÉTÉES ET DÉCRÈTERA, CELLES QUI DOIVENT FORMER EXCLUSIVEMENT LA CONSTITUTION FRANÇAISE?

Cette question étant de nature à exiger, pour sa solution, des applications particulières bien plus que des considérations générales, qu'il me soit permis de vous rappeller, Messieurs, un travail que vous avez reçu avec indulgence : je parle de l'ordre méthodique de la constitution française, qui a été ici l'objet de plusieurs de vos discussions. Souffrez que je le suive pour effectuer ces applications particulières. Il est le seul qui ait encore été proposé ; et je vous avoue que nonobstant l'exemple que nous offre la constitution américaine, je ne conçois pas une constitution nettement définie, sans un ordre qui en lie tellement les parties, que la raison de chacune de ses dispositions se trouve dans sa situation même.

Ordre de la constitution. Introduction. Déclaration des droits.

Je commencerai par jetter un regard sur la Déclaration des droits ; non-seulement parce que, destinée à être placée à la tête de tous les pactes sociaux qui ont la justice pour base et la liberté pour objet, elle doit dominer le nôtre comme

les

les dispositions éternelles de la nature dominent les combinaisons humaines ; mais encore parce qu'elle attire autour d'elle ces nombreuses conséquences de la loi naturelle , que leur importance a fait placer au nombre des loix constitutionnelles , quand on ne s'est pas apperçu qu'elles appartenaient à un meilleur ordre , et qu'elles étaient bien plus que constitutionnelles.

En la considérant sous ce dernier rapport , qui sans doute fixera l'attention de l'Assemblée nationale , lorsque le tems sera venu de terminer ce solemnel aveu des principes de toute société , il me reste encore beaucoup à desirer. Tandis que plusieurs des articles qui la composent ne sont eux-mêmes que des conséquences médiates des vérités primordiales qui seules y devraient être confessées ,, en même tems plusieurs de ces vérités primordiales manquent tout entières à cette déclaration.

Ainsi , pour en produire un grand exemple , dans le cas où l'assemblée nationale jugerait nécessaire de s'expliquer sur les droits de famille ; si elle venait à statuer sur la faculté de tester , sur le mariage , sur la jurisdiction paternelle , dans quel ordre de nos loix les principes de pareilles loix seraient-ils classés ? Ceux qui ne les considéreraient que sous le rapport de leur importance ne les placeraient-ils point au rang

B

des loix constitutionnelles , comme ils y ont placé la suppression de la noblesse , l'égalité de droits dans toutes ses applications , et l'abolition des loix coërcitives des vœux monastiques ? Et ceux qui s'appercevront que ces importantes vérités n'ont nul rapport avec la distribution de pouvoirs qui établit le gouvernement , ne les ravaleront-ils pas au niveau des loix le plus simplement réglementaires ? A quelle page , en un mot , du code de la nation française , seront rapportées les loix fondamentales de la première des sociétés , de la société naturelle , de cette société dont les droits sont antérieurs à toute convention , et doivent être protégés dans leur intégrité par toute convention postérieure ; de ce gouvernement que les gouvernemens artificiels ne peuvent abolir sans sacrilège , imiter sans tyrannie ; où se trouvent les seuls rapports de supériorité et d'infériorité que la nature ait rendus indépendans du choix et du consentement des hommes ; où se transmet ce droit de représentation que la première créature humaine reçut de son auteur , lorsqu'il la substitua à sa place , pour propager cette espèce qu'il venoit de créer : droit inaliénable, et que les hommes ne peuvent mettre en commun dans la masse des pouvoirs qui résultent de l'association ; droit que les rois ont pensé usurper , lorsqu'ils se sont qualifiés *pères*, pour placer dans le ciel l'origine de l'autorité qu'ils exercent sur la terre ; droit que les peuples enfans n'ont pu leur conférer par leur consentement même ; car pour déposer entre les mains d'un homme une si vénérable et si indépendante puissance, pour faire un père, il faut être la nature, et pouvoir lui en donner les entrailles.

La Déclaration des droits domine également les loix simplement civiles et les loix constitutionnelles. Je viens d'indiquer la relation immédiate qui règne entre ses principes et les dispositions de la première espèce ; et j'ai ainsi débarrassé la constitution d'un ordre de loix dont l'importance n'est pas un titre pour y être admises. Je dois indiquer actuellement la relation non moins immédiate qui règne entre les mêmes principes et les loix constitutionnelles.

Dans l'ordre méthodique dont j'ai l'honneur de vous entretenir, cette descendance serait tracée au moyen d'une *Exposition de la constitution*, telle à-peu-près que je vous l'ai présentée à la suite de mon dernier rapport. Cette *Exposition* doit former le premier titre de notre constitution. J'y renvoye plusieurs de ces vérités secondaires dont la déclaration des droits a été surchargée. La constitution y sera définie en général et en

TITRE I.
Exposition
de la constitution.

B 2

particulier, dans ses caractères communs et dans ses caractères distinctifs. Tous ses principes doivent se trouver dans une pareille exposition, et les titres suivans n'en doivent être que les développemens successifs.

TITRE II.
Des Droits garantis par la Constitution.

On aura vu dans cette exposition que la garantie des droits est le but de toute bonne constitution. *Les droits garantis* à la nation Française formeront donc la matière du titre second.

Je divise ce titre en trois chapitres.

Enumération des Droits.

Le premier chapitre contient l'énumération de tous les droits tant civils que politiques, réservés et garantis aux Français.

Des Citoyens qui exercent les Droits politiques.

Les droits civils appartiennent individuellement à chacun : les droits politiques appartiennent collectivement à tous. Ceux-là ne peuvent être délégués : ceux-ci le peuvent être ; et la constitution en réserve l'exercice à des citoyens choisis, dans lesquels la société entière peut raisonnablement placer sa confiance. Le second chapitre traite donc de ces citoyens exclusivement désignés à la confiance publique, auxquels la constitution a donné le nom de *citoyens actifs* et de *citoyens éligibles.* Les principes, à cet égard, sont en petit nombre ; mais il est bien nécessaire qu'ils puissent être de nouveau consultés, avant que leurs conséquences

soient solemnellement inscrites dans la constitution , et livrées au grand jour d'une méthodique
déduction de vérités. Tout est constitutionnel
en pareille matière ; mais il s'agit de savoir s'il
est d'une constitution vraiment prévoyante de
soumettre l'exercice des droits civiques à une
condition variable et secondaire , vouée au ca-
price de toutes les spéculations que des législatures plus ou moins populaires peuvent faire
sur le nombre des citoyens actifs , à l'abri d'une
simple modification dans le système de l'impôt ; il s'agit de savoir s'il est d'une constitution vraiment libre , de choisir pour le peuple déja assemblé , précisément comme elle
a choisi pour le peuple avant qu'il fût assemblé ;
s'il est d'une constitution vraiment philosophi-
que de substituer une prévoyance aveugle à une
prévoyance éclairée , en contraignant le choix de
la nation , à l'instant même où le vœu national
vient d'être élevé à la hauteur des intérêts communs et des lumières publiques , par la création
d'un corps électoral , formé d'hommes pris dans
cette classe d'où l'on peut dominer l'horison de la
société ; s'il est d'une constitution vraiment con-
séquente d'exiger une plus forte caution du législateur choisi par les élus, du législateur dont le
plus grand jour éclaire et dirige la marche , et
d'exiger une moindre caution de l'électeur dont

le choix a de moindres garants , et dont une urne ensevelit les prévarications. --- Mais j'ai à parler de l'arrangement et non de la revision de nos loix constitutionnelles.

Election des Représentans. La principale fonction des citoyens actifs est l'élection des représentans de la nation. Cette élection est l'objet du troisième chapitre du titre premier. Ici se trouvent et la division du royaume en quatre-vingt-trois départemens , et ce beau systême de représentation proportionnelle fondée sur la triple base de l'étendue , de la richesse , et de la population ; conceptions admirables qui ont peut-être fait la destinée de la révolution. On ne pense pas que je surcharge cette partie de la constitution de toutes les formes de l'élection et du calcul de ses scrutins. S'il y a quelque chose de réglementaire , c'est assurément ces moyens d'exécution dont les combinaisons doivent céder aux moindres avis de l'expérience , et qui peuvent éprouver toutes sortes de réformes sans que l'organisation politique de la société en souffre la moindre altération.

Titre III. Des Pouvoirs et de la Loi. La garantie des droits est le but de la constitution. Ses moyens sont la création et la division des pouvoirs. Le troisième titre est donc consacré aux pouvoirs.

De ces pouvoirs , le pouvoir législatif est le

premier en ordre comme en importance ; et la constitution en délègue la première partie au corps de représentans que les citoyens viennent d'élire. Ces considérations me déterminent à consacrer le premier chapitre du troisième titre au *corps législatif.* Le Roi , en la personne duquel se réunit le complément du pouvoir législatif, et la présidence du pouvoir exécutif, sera l'objet du second chapitre. Le troisième comprendra tout ce qui concerne le principal résultat de l'action de ces pouvoirs combinés : LA LOI.

Le CORPS LEGISLATIF doit être considéré dans son organisation et dans ses fonctions. L'assemblée nationale , dans toutes les circonstances qui se sont présentées , a déterminé les fonctions avec beaucoup de précision et d'étendue. Quant à l'organisation , elle est presque toute à faire. L'unité , la permanence , et le renouvellement bisannuel du corps législatif, sont décrétés ; mais il faut décréter encore la rééligibilité sans intervalle , si l'on ne veut ôter aux talens et aux vertus leur plus noble récompense , forcer le peuple à des choix douteux par l'épuisement des sujets distingués , et interrompre toute continuité d'esprit entre les législatures successives. Il faut décréter aussi , et l'ordre des vacances et les différens motifs de rassemblement extraordinaire ; et le mode d'ajournement des séances d'un lieu dans un autre ; et le droit de la minorité , une fois rassemblée légalement , de contraindre la majorité à venir prendre part à ses délibérations ; et la nature de l'inviolabilité du corps , de ses sections et de ses membres , si l'on ne veut que , dans des cas donnés , fréquens peut-être , et certainement aisés à prévoir , le sort d'une session dépende tantôt d'une discussion entre le corps législatif et le roi , tantôt d'une division entre la majorité et la minorité , tantôt de l'audace d'une faction , et tantôt de la négligence des gens de bien , tantôt enfin des prétentions opposées des principales villes de l'empire , qui , dans une organisation sociale où les parties sont relativement si fortes , se disputeront tour-à-tour l'honneur de devenir le siège du gouvernement. Il faut sur-tout décréter , et le régime intérieur du corps législatif , et la police qu'il a droit d'exercer sur ses membres , et l'étendue de celle qui lui appartient sur ceux qui assistent à ses séances ; si l'on ne veut faire de la république des législateurs une démocratie en désordre ; si l'on ne veut que les passions y soient sans frein , les discussions sans décence, les délibérations sans majesté ; si l'on ne veut que le sanctuaire de la loi devienne le théâtre d'une scandaleuse anarchie.

J'ai dit que les fonctions du corps législatif étaient en général décrétées avec précision. Ces

fonctions sont bien loin d'être toutes législatives ;
et plusieurs des pouvoirs de la nation se rassemblent, soit par convenance, soit par analogie,
dans les mêmes mains où se trouve le pouvoir de
rédiger et proposer la loi. C'est en conséquence
de cette cumulation de fonctions, ou semblables
ou compatibles, que le corps législatif déclarera
ce qui est conforme à la loi naturelle, qu'il im-
posera, qu'il administrera l'impôt, qu'il stipulera
ou ratifiera les conditions des traités faits avec les
puissances étrangères, qu'il requierra la force
publique, qu'il poursuivra la responsabilité de
tous les agens de la nation ; qu'il prendra part à
l'acte qui décernera la régence, etc... Fonctions
plus ou moins différentes de celle de proposer
des loix à la sauction royale ; et, en effet, c'est
comme représentatif, et non comme législatif,
que ce corps réunit ces importantes attributions,
qui, toutes, doivent être énumérées à la suite de
son organisation, bien que les détails se repor-
tent à d'autres chapitres de la constitution.

Le second chapitre est consacré d'abord à la
ROYAUTÉ ; et ensuite au POUVOIR EXÉCUTIF.
Distinguons soigneusement ces choses : plusieurs
obscurités de la constitution disparaîtront devant
cette distinction.

Je considère le Roi sous deux rapports : il est

premièrement investi du pouvoir d'accepter la loi ; il est ensuite chargé de la fonction de présider et surveiller les dépositaires généraux et particuliers du pouvoir exécutif.

Ce pouvoir et ce droit sont non-seulement compatibles, mais alliés dans le même représentant avec une singulière convenance, puisqu'il serait difficile que nulle personne surveillât avec plus de succès l'exécution de la loi, que celle qui décide que la loi sera exécutée, et qu'un autre se détermine d'une manière plus éclairée à l'acceptation ou au refus de la loi, que celui qui préside toute la hiérarchie des préposés à l'exécution de la loi.

On se tromperait beaucoup, cependant, si l'on concluait de cette convenance, l'impossibilité de concevoir ces fonctions séparées ; et l'on se tromperait encore davantage, si de la surveillance que le roi exerce sur les dépositaires du pouvoir exécutif, on inférait que ce pouvoir réside en lui.

Et, en effet, il faudrait avoir de la constitution une idée bien vague et bien superficielle pour ne pas comprendre que ce pouvoir est aussi complettement hors du Roi que hors de l'Assemblée législative ; qu'il est divisé entre les corps municipaux, administratifs et judiciaires ; qu'il y en a des portions répandues dans tous les membres de l'individu politique, de même qu'il y a de la vie dans toutes les parties d'un individu naturel ; que , semblable au système nerveux et musculaire qui étend par-tout ses rameaux pour sentir par-tout, et par-tout réagir , il a sans doute son *sensorium* commun ; mais que ce *sensorium* est confiné dans le conseil des ministres, et que le roi , quoique président de ce conseil , n'a sur ce pouvoir que l'influence qui résulte de sa propre intervention dans la confection de la loi ; que le pouvoir exécutif, enfin, n'obéit qu'au corps législatif et au roi réunis , pas plus à l'un qu'à l'autre s'ils sont désunis : qu'en un mot c'est à la loi seule qu'il obéit. Et , certes , la haute prérogative dont la constitution a doté la royauté, prendrait un caractère bien frivole , si elle se montrait jalouse du droit illusoire de mouvoir spontanément ces agens qui sont déja mûs nécessairement en vertu de la loi et selon la loi , sous la garantie de leur responsabilité personnelle.

L'essence de la Royauté est dans cette auguste partie de la représentation nationale , en conséquence de laquelle le roi sanctionne ou refuse la loi qui lui a été proposée par cet autre représentant qui la demande et la rédige.

De cette représentation , qui renferme le plus bel attribut de la souveraineté ; la faculté du choix , il résulte d'abord que le roi est le représentant de la volonté nationale , comme le corps législatif est celui de l'intelligence nationale.

Et de ce qu'il est le représentant de la volonté nationale , il résulte qu'il représente éminemment la nation envers chaque partie de la nation.

De cette représentation et de ses conséquences dérive encore l'inviolabilité du roi , inviolabilité que commande ensuite le repos de l'empire , et que confirme le juste respect des peuples pour l'image la plus sensible de la majesté nationale.

Mais de cette inviolabilité , et de l'exemption de toute responsabilité qui est la suite de cette inviolabilité et de cette représentation , résulte l'impossibilité constitutionnelle de faire descendre le roi à l'exercice d'aucune fonction du pouvoir exécutif.

Je n'ai point à examiner la loi de la succession à la couronne. Peut-être déterminerai-je ailleurs comment cette concession faite à l'impérative considération de la paix du royaume , réagit sur les principes du gouvernement représentatif. Mais ici naissent les questions les plus immédiatement liées au système de la monarchie héréditaire...... Le privilège de nous donner des rois est-il conféré sans conditions à la famille où nous jugeons à propos de les prendre ? La grande exception qu'une magistrature héréditaire

et un héritage indivisible apportent à la loi commune, n'influe-t-elle point, par des exceptions
particulières, sur le sort de ceux qui composent
cette famille ? Une si considérable prérogative
ne les condamne-t-elle pas au sacrifice d'une part
proportionnelle de leurs droits de citoyens ? ne
leur communique-t-elle point aussi quelques-unes
de ces exemptions dont la plénitude appartient
au chef de la maison ? Une graduelle proximité
du trône n'est-elle point marquée par les effusions
croissantes de cet éclat qui en émane ; et les
obligations ne croissent-elles point comme cette
splendeur empruntée ? n'y a-t-il point enfin une
série progressive de devoirs et de droits depuis le
dernier des suppléans à la royauté, jusqu'à l'hé-
ritier présomptif, que l'inviolabilité du roi, toute
personnelle qu'elle est à ce représentant cou-
ronné, semble couvrir déja d'un coin de son
manteau ?... Tels sont les doutes qui se sont
élevés déja dans l'assemblée nationale, dont je
crois avoir préparé la solution par les distinctions
précédentes, et que le mot de *suppléans* a peut-être
résolus. C'est, en effet, dans leur substitution
éventuelle à la représentation nationale, que je
trouve la mesure de ce que ces fonctionnaires
suppléans contractent d'engagemens et obtiennent
de compensations, acquierent de droits et per-
dent de liberté ; c'est à l'expectative, dans la-

quelle ils naissent, que j'ai recours, pour discerner quelles fonctions sont compatibles , quelles fonctions sont incompatibles avec leur situation conditionnelle ; c'est , en un mot , comme *suppléans* qu'ils semblaient sortir de la loi commune , et c'est comme *suppléans* que je les y vois rentrer.

Ici se placent les loix constitutionnelles sur la Liste civile, les Apanages, les Douaires, etc. Elles entrent dans l'établissement de la royauté héréditaire : la loi des Régences le complette.

Il faut que la constitution s'explique sur les *Régences* ; car il est aussi éloigné de son esprit d'abandonner aux législatures contemporaines le soin de déclarer le régent que celui de choisir un roi ; et, en effet, la paix du royaume n'est guères moins intéressée dans un cas que dans l'autre, à ce que la loi qui écarte les concurrens soit portée lorsqu'il n'y a point encore de concurrence.

Rien d'ailleurs n'est moins arbitraire que les dispositions relatives à la tutelle du jeune prince, à son éducation morale et physique, à l'exercice provisoire des fonctions royales ; et tout me semble si clairement et si impérieusement déterminé , soit par la loi naturelle , soit par la loi constitutionnelle , soit par la loi suprême de l'utilité commune , qu'il y a bien peu de choses sur lesquelles une législature contemporaine puisse être chargée de se décider.

J'ai considéré le roi et sa famille sous le rapport de la représentation qui constitue essentiel-
lement la royauté. J'ai à le considérer maintenant
dans la plus éclatante des fonctions accessoires
qui lui soient attribuées, c'est-à-dire, dans la
surveillance suprême qu'il exerce sur les agens
généraux et particuliers du pouvoir exécutif.

Choisir et destituer à volonté les principaux
de ces agens, présider leurs conseils, consacrer
de son nom leurs décisions les plus importantes :
tels sont, entre les mains du roi, les moyens et
les signes de cette surveillance, et tels sont les
garants de son efficacité.

Nulle autre surveillance n'aurait un caractère
aussi imposant, car le roi représente éminemment la *volonté* nationale ; nulle autre ne paraî-
trait plus volontaire, car c'est lui qui a voulu que
la loi fût exécutée. La surveillance que le corps
législatif exercera en poursuivant la responsabilité des mêmes agens, semblera toujours supplé-
toire et hors de l'ordre commun ; celle du roi,
soumise à des formes moins régulières, exer-
cée avec plus de libre arbitre, a quelque chose
de plus souverain et de plus personnel. Il n'est
donc pas étonnant qu'on l'ait confondue avec
la propriété même et l'exercice spontané du pouvoir exécutif, et qu'il en soit résulté une si complette confusion dans les idées et les réclamations

de ceux qui ont cru parler pour le roi en parlant
pour le pouvoir exécutif, et parler pour le pouvoir exécutif en parlant pour le roi.

Je l'ai dit : le pouvoir exécutif est dans le ministère ; non que ce pouvoir ne soit réellement
disséminé dans tous les membres du corps social,
et ne s'y trouve même, à beaucoup d'égards,
indépendant du ministère ; mais parce que la
portion de ce pouvoir, dont les ministres sont
dépositaires, est précisément celle qui doit rallier
toutes les parties éparses, et coërcer les diverses
forces qui agissent dans l'empire.

Assurer l'harmonie de ces forces en les rappelant à un centre commun de gravitation : voilà,
sans doute, ce que le comité de constitution en-
tendra par cette organisation du ministère qui
vient de lui être demandée. Il ne se bornera point
à tracer les indifférentes limites qui en séparent
les départemens, limites que déplaceront souvent
des considérations secondaires et des combinaisons successivement éclairées par des besoins
successivement éprouvés. Il concevra qu'il orga-
nise le pouvoir exécutif, et que cette partie de
la constitution doit être digne des majestueux
fondemens sur lesquels elle est élevée. Il jettera
les yeux sur ce pouvoir législatif, si grandement,
si splendidement organisé, dans l'une et l'autre
de ses parties intégrantes : il les promènera sur

ce

ce système administratif, si vigoureusement consti-
titué ; sur cet ordre judiciaire si indépendant ;
sur ces armées nationales si imposantes ; sur ce
peuple innombrable , où les forces particulières
sont développées avec une telle énergie , que la
liberté elle-même n'en est guères moins effrayée
que la tyrannie.... et c'est à la douce autorité des
loix , c'est au juste équilibre des pouvoirs , c'est
aux sages conseils de l'esprit public , à soumettre
tant de volontés toujours prêtes à s'entrechoquer ,
à confondre des intérêts si enclins à se diviser ,
à régir , dans leur virilité , ces forces qui , en nais-
sant , ont fait ployer le bras de fer du despotisme
sous les rênes du gouvernement !..... De quelle
puissance et de quel éclat le comité de constitution doit revêtir les agens supérieurs du pouvoir
exécutif , s'il veut leur donner quelque dignité
en présence de si grands objets !...... L'instinct
de la domination l'avait suggéré à la grossière
politique de nos premiers rois : ils avaient des
connétables et des chanceliers ; ils plaçaient entre eux et leurs peuples d'importans intermédiai-
res , lorsqu'il s'agissait de ramener à l'unité de
gouvernement cent petites nations qui se parta-
geaient le commun domaine. Le génie de la
liberté inspirera quelque chose de pareil au
comité de constitution : à la force du peuple qui
fait ses loix , à la force du peuple qui administre

ses biens , à la force du peuple qui se juge et qui pourvoit à sa sûreté , il opposera , pour la suprême exécution des loix , des modérateurs forts de sa force et empreints de sa majesté.

Le chapitre du corps législatif a été terminé par l'énumération des fonctions qui lui sont attribuées. Le chapitre de la Royauté et du Pouvoir exécutif doit être terminé par l'énumération de leurs fonctions respectives. On y trouvera donc celles du Roi, considéré d'abord comme représentant de la nation pour la sanction de la loi, et ensuite comme revêtu de cette dictature, en vertu de laquelle il choisit, révoque et préside les agens généraux du Pouvoir exécutif ; et l'on y trouvera enfin les fonctions de ces agens généraux.

La Loi.   Le corps législatif, le roi et le pouvoir exécutif étant ainsi institués et organisés, l'ordre des idées amène ensuite la loi, ouvrage combiné du corps législatif et du roi, et règle invariable de l'action du pouvoir exécutif. La Loi est donc l'objet du troisième et dernier chapitre du titre III.

L'Assemblée nationale a pourvu à la proposition, à la confection, à la sanction et à la promulgation de la loi. Il reste à pourvoir à sa délibération.

Là nous attendons ce décret si souverainement constitutionnel , de l'importance duquel je craindrais de ne pas donner une assez haute idée , si j'employais d'autres expressions que celles de M. de Casaux : *ce décret qui n'existe pas encore , qui ne paraîtra que le dernier de tous , et qui couronnera dignement tous les travaux de l'assemblée nationale , parce qu'il garantira les assemblées subséquentes , des fautes échappées à la première ; fautes inévitables quand on a tout détruit , quand on a dû tout détruire , parce que des mal-adroits s'obstinaient à tout conserver...... ce décret qui , pour recueillir toutes les lumières de la France , et ne plus compromettre la dignité de ses représentans , ni la moindre propriété des représentés , fixera d'assez longs intervalles entre la proposition d'une loi , sa première , sa seconde , sa troisième discussion , et enfin le jour solemnel où toute discussion sera interdite ; où les prestiges de l'éloquence seront évanouis ; où il ne restera plus dans la tête des opinans que les raisons qui doivent les décider ; où il ne sera permis aux opinans , après la lecture du décret , que de l'admettre ou de le rejetter* (1)......

Et ce décret , je l'ai cru souverainement constitutionnel , non pas , comme M. de Casaux , parce qu'il est souverainement important , mais

____

(1) Pages 30 et suivantes.

parce qu'il est souverainement constitutif de l'organisation du gouvernement.

Et il est tel , car son exécution remplace la création d'une *seconde chambre* , en ôtant tout prétexte de la desirer à ceux qui arguent de la précipitation d'un corps unique pour en demander la division , et qui concevront que sous le rapport où ils entendent cette division , le roi est précisément la seconde chambre qu'ils demandent.

Et cette dernière vérité sera de la plus complette évidence , une fois qu'on se sera accoutumé à considérer la royauté comme parfaitement distincte du pouvoir exécutif ; et une fois que la sage lenteur qui présidera à la confection de la loi , sera rendue commune à l'acte de sa sanction , par l'abrogation de ce décret que d'impérieuses circonstances ont pû seules dicter à l'assemblée nationale , et aux termes duquel le roi est forcé de s'expliquer , dans l'espace de huit jours , sur la loi qui lui est présentée.

Titre IV.
De l'Ordre
public.

Dans les trois titres qui précèdent , nous nous sommes graduellement élevés des droits de chacun aux pouvoirs de tous , des volontés isolées à la volonté publique , des individus à la nation. Les tendances particulières sont désormais soumises à la tendance générale ; les facultés indivi-

duelles concourent à former les facultés com-
munes. Il existe maintenant un Peuple , et ce
peuple a une volonté connue qui domine chacun de ceux qui le composent , une voix qui se
fait entendre à tous : il possède la loi , résultat
et simbole de la communauté d'intérêts ; la loi ,
qui est au milieu de l'association comme l'arche
d'alliance autour de laquelle toutes les familles
se rassemblent ; la loi dont la parfaite unité dé-
pose de l'unité du peuple , et qui ne peut cesser
d'être une , dans la même aggrégation d'hommes ,
sans que cette aggrégation descende à l'état im-
parfait d'une société seulement fédérative , et soit
déchue de tout ce que la perfectibilité humaine
peut attendre du concert de toutes les volontés
et de la convergence de tous les efforts.

Les droits *politiques* ont fait la loi , pour que
la loi protège les droits *civils*. Après nous être
élevés jusqu'à elle , nous allons descendre avec
elle sur cette partie de l'ordre social pour qui
elle fut créée. Il s'agissait de former une société :
il s'agit maintenant d'atteindre le but qu'elle a
dû se proposer.

L'acte de l'association a mis l'égalité de droits
à la place de l'inégalité de forces ; la liberté à la
place de l'indépendance ; la propriété à la place
de la possession. Pour la conservation de ces
avantages , la loi doit substituer une surveillance

publique a la surveillance individuelle , une
équité parlante à l'équité muette. Par la loi , les
biens communs , qui étaient la proie de chacun,
seront sous la garde de tous ; par elle , l'enfant
qui attend l'instruction , le pauvre qui attend
la subsistance , l'infirme qui attend le soulagement , trouveront de plus pures lumières , de
plus puissans secours , une meilleure Nature ,
dans la prévoyante société.

Il y aura donc une *Police* : il y aura une *Justice* :
il y aura une *Administration commune* , et une
Munificence sociale.

L'ORDRE PUBLIC se compose de ces grands établissemens , à l'aide desquels la loi générale
s'applique aux droits particuliers. Et cet Ordre
public est , dans le système que j'expose , le
sujet du titre qui suit immédiatement celui de la
loi.

Il est évident que tous les principes de ce titre
sont du droit naturel des sociétés ; car ils doivent
être communs à toutes , quelle que soit leur
organisation.

Il est encore évident que les divers moyens
d'exécution sont de simple législation , en tout
ce qui n'intéresse point l'équilibre des pouvoirs
qui concourent à la formation et à l'exécution de
la loi.

Il est enfin évident que cela seul y est constitutionnel, qui a rapport à la démarcation de ces pouvoirs, et qui est propre à fixer leurs prétentions respectives.

Je parcourrai, toutefois, ce titre dans ses quatre divisions ; car, s'il est une partie de la constitution dont les limites soient demeurées indécises, c'est celle qu'il renferme. Dans aucun des décrets de l'assemblée nationale, elles n'ont été précisément fixées ; dans plusieurs, on apperçoit la crainte même de les reconnaître ; dans un très-grand nombre, enfin, et là précisément où la marche des comités rapporteurs a semblé plus assurée, on voit le domaine du droit naturel et celui de la législation, envahis tour-à-tour, par les extensions indéfinies de l'empire de la constitution.

Appliquons donc nos principes à cette division des décrets en constitutionnels et réglementaires, desirée par l'assemblée nationale, dès le 14 décembre 1789 ; et déterminons dans quels cas l'acceptation et la sanction obtenues cumulativement du roi, sont séparément acquises.

Je jetterai d'abord un regard sur la *Police.*

L'objet de la Police est cette surveillance qui maintient l'ordre public, en prévenant les contraventions aux loix, et en poursuivant leurs auteurs. Une pareille faculté est de droit naturel. Nulle constitution ne saurait ni la créer ni l'anéantir ;

Police.

elle ne peut qu'en déléguer l'exercice, d'une manière particulière. Ce qui est encore de droit naturel, c'est ce précepte fondamental : que le premier devoir des gouvernemens étant d'être moraux, des crimes ne peuvent être volontairement employés à prévenir ou poursuivre des crimes ; que les encouragemens donnés à la délation, que la violation des sceaux et l'invasion des maisons, sont, de quelque autorité qu'ils émanent, des délits publics. Ce qu'il y a de constitutionnel dans cet ordre de choses, c'est le choix des officiers auxquels les fonctions de police sont attribuées ; c'est le mode de leur investiture ; c'est l'espèce de leurs relations avec les différens pouvoirs qui constituent le gouvernement. Ce qu'il y a de réglementaire, c'est le nombre de ces officiers, le tems de leur gestion, et tout ce qui, dans leurs fonctions exécutives, n'est pas impérieusement commandé ou défendu par la loi naturelle.

Le chapitre suivant est celui de l'*Ordre judiciaire*.

Ordre judiciaire.

Ce qui est de droit naturel, c'est qu'il n'y ait pour tous qu'une même loi ; c'est que le juge soit indépendant ; c'est que nul ne soit contraint de reconnaître pour arbitre de son sort, le juge auquel il n'a pas consenti ou auquel il a pû ne point consentir. De là il résulte que les parties doivent convenir des arbitres de leurs différens, soit que ce différent existe entre un citoyen et un autre, ou entre un citoyen et la société ; ou bien que le peuple doit élire ses juges ; ou encore qu'il doit y avoir des jurés, juges du fait, à côté des juges, docteurs de la loi ; ou enfin une combinaison quelconque de ces différentes dispositions. Mais que l'une ait lieu plutôt que l'autre ; que le choix du juge s'effectue de telle ou de telle façon ; que l'impartition de la faculté de juger lui soit concédée, au nom de la nation, par tel ou tel représentant de la nation, par tel ou tel de ses agens ou de ses délégués : voilà ce qu'il appartient à la constitution de déterminer. Ce qu'elle détermine encore, et ce qu'elle détermine sur-tout, c'est la nature des rapports que les tribunaux ont avec le pouvoir exécutif, et c'est l'ordre de choses qui préserve, dans l'état entier, l'unité de jurisprudence. Mais ce qu'elle abandonne à la classe réglementaire, c'est le nombre des tribunaux et des juges, leurs attributions, les degrés d'appel, la circonscription des jurisdictions, la manière de procéder, en tout ce qui n'est pas impérieusement déterminé par la loi naturelle, et particulièrement le nombre d'années pendant lesquelles dureront les pouvoirs du juge, si toutefois cette limitation ne porte aucune atteinte à son indépendance.

Le chapitre troisième est celui des *Corps muni-cipaux et administratifs*.

Ces corps, si différens par leur nature et par leur objet, se trouvent réunis dans la même division de la constitution, parce qu'ils forment ensemble les premiers degrés de l'*Administration publique*, et parce qu'ils se soulagent, se secourent, se suppléent et se contrôlent dans l'exercice de diverses fonctions de police et d'exécution, en vertu de plusieurs attributions plus ou moins gratuites, et dont la constitution les investit pour économiser le nombre des ressorts de la machine sociale, en cumulant sur la tête de ceux qui ont, à quel titre que ce soit, la confiance du peuple, toutes les délégations de pouvoir qui ne sont point incompatibles entre elles.

Les *Municipalités*, aggrégation la plus simple des familles qui sortent de l'état de nature, sont les élémens dont le corps politique se compose. En vain voudrait-on se transporter par la pensée, dans les tems où elles n'étaient pas encore, et dans ceux où elles ne seront plus, l'observation des hommes nous apprend que la terre n'a point de ces sauvages où une famille soit totalement isolée de toute autre famille ; et l'histoire de l'humanité nous démontre que les plus longues calamités, que les plus redoutables convulsions, ne peuvent porter jusqu'à une pareille dispersion

(43)

la divisibilité des sociétés. Ce n'est point en familles , mais en communautés fixes ou errantes
que nous voyons vivre et les nomades de l'Asie ,
et les pasteurs de l'Afrique , et les chasseurs du
nouveau-monde , et les pêcheurs des contrées
polaires. C'est en municipalités et non en familles que l'on a vu se résoudre les plus grands peuples qui ayent couvert et dominé la terre ; lorsque Ninive et Babylone , Tyr et Carthage s'écrou-
lèrent ; lorsque l'Orient couvrit l'Occident de
ses décombres ; lorsque l'empire de Rome fut
foulé aux pieds des barbares ; lorsque la race
humaine , brassée en tous sens pendant douze
siècles de tempêtes , et réduite à une confuse
accumulation d'élémens discordans , ne renfer-
mait plus une seule nation homogène , et pas
deux villes qui voulussent vivre sous la même loi.

J'invoquerais encore le témoignage de l'histoire , si j'avais à démontrer comment nos sociétés modernes se sont recomposées des élémens
auxquels les sociétés anciennes avaient été ré-
duites ; comment les municipalités divisées se
sont rapprochées , là fédérativement en conser-
vant leurs loix distinctives , là indivisément en
reconnaissant une loi commune ; et dans ce
nouvel exposé , la synthèse confirmant les ré-
sultats de l'analyse , on verrait la Gaule française
renaître des membres épars de la Gaule romaine,

et les mêmes unités politiques se prêter à de nouvelles combinaisons.

Observons bien cette décomposition et cette
recomposition des grandes sociétés, car de cette
observation dépend la circonscription naturelle
des municipalités. Faute de l'avoir consultée, on
a vu une municipalité, jusques dans tel hameau
que nulle commotion destructive des empires
n'isolerait de son voisin ; et l'on n'a vu que des
cantons artificiels dans ces arrondissemens indi-
visibles, que la nature et la nécessité tracèrent de
leur main souveraine, et dont les limites ne
furent jamais plus incompressibles qu'au jour des
plus complettes divisions.

Mais c'est sur-tout lorsqu'il s'agit de discerner
l'origine des droits, et de distinguer le pouvoir
municipal du pouvoir administratif, que cette
observation est féconde en conséquences.

Comme l'individu physique porte dans la société des droits inaliénables, de même l'individu
politique en conserve d'imprescriptibles dans l'aggrégation sociale. Comme un homme a dans sa
maison et sur ses affaires un pouvoir qu'il ne
tient point de la société, de même une communauté d'hommes a dans son enceinte des droits
municipaux qu'elle n'a reçus de nulle autre.
Comme le citoyen a le droit naturel de dé-
ployer sa force contre quiconque attente à

sa vie ou à sa propriété , lorsqu'il n'a pas
le tems d'appeler la société à son secours ,
de même la cité a le droit d'opposer sa force à
toute perturbation de sa paix intérieure , quand
elle n'a pas le tems d'invoquer l'intervention de
la grande société dont elle fait partie.

Ainsi chaque municipalité a de droit sa force
armée ; cette force est chez elle une propriété ;
en toute autre main elle est un dépôt , procédant
d'une contribution légale et volontaire. Ainsi
chacune tire de son propre fond le pouvoir législatif , le pouvoir exécutif , la faculté administrative qu'elle exerce dans ses propres affaires ; et les
pouvoirs correspondans que la grande société
dirige , résultent de l'addition de tous les pouvoirs de même espèce, qui sont mis en commun
par toutes les communautés constituantes , *les
droits municipaux réservés.*

Il y a naturellement des municipalités ; mais il
n'y a pas naturellement des provinces. Les municipalités sont , par elles-mêmes , législatrices ,
administratrices , exécutrices dans leurs biens patrimoniaux ; les départemens ne sont et ne peuvent être rien de pareil que par une concession
expresse de la nation. Les officiers municipaux
tiennent leur pouvoir propre du peuple seul qui
les élit. Les administrateurs de district et de département sont uniquement présentés par les

électeurs qui les désignent, à l'impartition du pouvoir que la nation leur confère. Envain, dans notre constitution, cette impartition est sous-entendue ; nul publiciste n'ignorera que les administrateurs sont les délégués du peuple entier, et non les représentans de la division qui les élit ; mais comme le peuple peut l'ignorer, et comme cette ignorance serait funeste, le publiciste regrettera qu'il n'existe point dans notre constitution un signe bien sensible de cette impartition de pouvoir, un signe qui parle au peuple plus haut que les apparences, et qui lui fasse parfaitement comprendre que ces candidats qu'il présente à la nation pour administrer une partie de ses biens communs, tirent d'elle et non de leurs électeurs les facultés qu'ils vont exercer.

Le pouvoir des officiers municipaux est donc de droit naturel ; celui des corps administratifs de droit constitutionnel. La constitution *peut* faire mention du premier, en le rappelant à sa véritable origine ; elle *doit* faire mention du second, car son origine n'est qu'en elle. Elle énumérera ce qu'elle retranche à l'un, ce qu'elle ajoute à l'autre. On y trouvera aussi les concessions qu'elle fait aux municipalités et aux administrations, en leur confiant ces fonctions que le pouvoir législatif et le pouvoir exécutif ne peuvent exercer que par délégués. On y trouvera également la circonscription territoriale des municipalités et des départemens, l'une considérée comme naturelle, et l'autre comme constitutionnelle. On y trouvera sur-tout, les rapports qui lient ces différens corps au centre de gravitation de la monarchie.... Et cela inscrit dans le code de nos loix constitutives, on lui fera grace, j'espère, et du nombre de ces fonctionnaires publics, et de la durée de leur gestion, et du détail de l'organisation intérieure de leurs différens collèges, quelle que soit l'importance constitutionnelle que nous ayons vu mettre à toutes ces dispositions purement réglementaires.

Je passe aux bienfaits de la *Munificence sociale.*

Les établissemens que renferme cette dernière division de l'ordre public, sont, dans leur principe, d'une nature si peu conventionnelle, et, dans leur développement, d'une application tellement réglementaire ; on y trouve si peu de chose qui soit du ressort de la constitution, sauf la délégation de leur surveillance, à telle ou telle des autorités constitutionnelles, qu'ils pourraient être répartis entre les chapitres précédens, ou n'en faire qu'un avec celui de l'administration publique, s'il n'y avait pas une sorte de convenance à présenter sous le même point de vue les secours que l'association fournit aux besoins les plus urgens de l'humanité.

L'Instruction publique est le plus important et le plus universel de ces secours.

Le droit d'instruire et d'être instruit est au premier rang des droits de famille, et par conséquent au premier rang des droits naturels. Les pères, dans l'état de société artificielle, en mettent en commun toute la partie disponible, et il en résulte pour la société entière le droit naturel d'enseignement public ; droit dont l'usage assure à chacun des êtres qui arrivent en ce monde, pour prendre part à la grande substitution des biens physiques et moraux à laquelle ils sont appelés, l'avantage d'être enseignés, non-seulement par les plus instruits de leurs familles respectives, mais par les plus instruits de toutes les familles réunies.

Jusqu'ici tout est plus que constitutionnel. Cela passé, tout, un seul point excepté, est réglementaire ; tout doit être déterminé par les circonstances, les besoins, les moyens, l'état des lumières publiques : système d'enseignement, ordre de cet enseignement, choix des instituteurs, méthodes, établissemens, tout est du ressort des pouvoirs auxquels le droit de surveiller, diriger et améliorer l'enseignement public, a été une fois concédé ; et rien n'est constitutionnel que cette concession même.

Dans ces nombreuses facultés d'enseigner que la société

la société recueille, encourage et dirige, il en est
une que l'humanité reçoit plus directement du
père de toute vérité, de la source de toute instruction. La science qui en est l'objet, sainte
comme son origine et son but, pure de toutes
considérations physiques, destinée à conduire
l'homme au-delà de cette vie passagère, est plus
que toute autre, descendue des cieux pour être
libre sur la terre. Nul don n'est plus gratuit, nul
choix n'est plus volontaire que celui des vérités
surnaturelles que l'homme ne saurait acquérir
que par la foi, et ne peut démontrer qu'à elle.
Dans cet immortel héritage, patrimoine de tous,
et sur-tout des malheureux, aucun pouvoir n'o-
serait exercer une arrogante influence. Chacun ne
reçoit que pour soi ; nul n'est lié par le choix
d'autrui ; et si le père doit faire provisoirement
la part de son fils, la société la part des enfans
qui n'ont point de père, à peine l'enfant est
homme qu'il ne reconnaît plus d'autorité que
celle de sa propre conviction, de loi que celle
de son libre arbitre, de choix que celui qu'il a
fait lui-même.

On a parlé d'une religion constitutionnelle :
eh ! comment une constitution peut-elle, en ce
genre, choisir ou rejetter ? D'où lui viendraient
ces nouveaux pouvoirs qu'on lui donnerait à dé-
finir et à déléguer ? La vraie religion prétend-

D

elle être ici constitutionnelle ? Ailleurs l'hérésie le prétendra... une religion constitutionnelle!.... Si l'on avait parlé d'une métaphysique constitutionnelle, on n'aurait dit qu'une absurdité ; on a proféré, de plus, un blasphême.

Je le répéterai pour la dernière fois : ce n'est point en raison de son importance, mais en raison de ses rapports avec l'établissement social, que tel ou tel ordre de choses doit être inscrit ou non dans la constitution d'un peuple ; je dois le répéter : car, au moment où l'on a cru l'organisation du clergé constitutionnelle, parce qu'on l'a crue nécessaire, je ne saurais nier trop formellement à M. de Casaux *que toute loi nécessaire soit toujours constitutionnelle, et que toute mauvaise loi ne le soit jamais* (1). Et pour faire nettement l'application des principes aux choses religieuses, je dirai que la religion, le premier de nos biens, appartient à l'ordre surnaturel ; que la liberté de son enseignement, le premier de nos droits, appartient à la loi naturelle ; que la liberté de son culte est le premier bienfait d'une police conservatrice de ces droits ; et que l'hommage que notre constitution rend à la foi de nos pères, avec une prédilection si juste qu'à peine j'apperçois ce qu'elle coûte au saint précepte de

____

(1) Page 33 de son écrit.

lá tolérance universelle , est la détermination
des pouvoirs qui doivent concourir au choix de
ses ministres et à l'entretien de son culte.

Le développement que je viens de donner à
ce qui concerne le premier des établissemens dûs
à la munificence sociale , me dispense d'analyser
les établissemens de soulagement qu'elle doit aux
indigens et aux infirmes.

Lorsque l'homme se rapprochant de l'homme,
abandonna la possession indivise de la terre entière , pour acquérir la propriété d'une étendue
donnée de cette terre , il put être déchu par sa
mauvaise administration de tout ce qu'il avait
gagné à une convention si sage ; mais alors il
retomba dans l'état de nature , et ne put perdre
ce qu'il devait à la seule nature : la subsistance.
De-là naît le droit du pauvre et le devoir de la
société. L'infirme tient le sien de la compensa-
tion qu'elle doit pour les maux qui naissent de
l'association même , et du pouvoir qu'elle a de
rendre efficace , par le concours de ses moyens .
la commisération que la nature a placée dans le
cœur de l'homme pour lui promulguer la loi
de l'assistance mutuelle.

Je n'ai pas besoin de dire que l'on abusera du
mot de constitution si on l'étend à l'organisation
de ces divers établissemens de soulagement.
Rien , dans cet ordre de choses , n'appartient à

la constitution que la délégation du pouvoir de le surveiller ; et la mesure précise de ce qu'elle a intérêt de déterminer , est la quantité d'autorité que ce pouvoir ajoute à l'une ou l'autre des autorités constitutionnelles.

TITRE V.
De la Force nationale.

Dans la partie de la constitution dont l'exposition a fait le sujet des titres précédens , l'ordre public a été fondé sur les droits naturels de l'homme , et sous les auspices des pouvoirs qui garantissent ces droits ; mais cet ordre pourrait être interverti par les entreprises de quelqu'une de ces forces que l'objet de l'association est de ramener toutes à l'équilibre. La désobéissance menace au dedans, l'aggression au dehors. Il faut une force au soutien de la loi, de peur que dans l'état de société elle ne soit violée par la folie des hommes , comme avant la société elle l'était par leur ignorance.

Le cinquième titre est donc celui de la *Force nationale.*

La FORCE NATIONALE est double dans son origine comme dans son objet, et part de deux points opposés pour venir au secours de la société en péril.

La première et la plus imposante partie de cette force , est la force municipale , qui est du droit naturel des sociétés , qui obéit d'abord à sa commune, dont le premier objet est la défense de ses foyers, et le premier devoir, la résistance à l'oppression. Celle-là est particulière, relativement à l'Etat, puisqu'elle appartient aux individus politiques dont la grande société se compose.

La seconde et la plus indivisible partie de cette force, est la force proprement dite publique, la force du gouvernement, qui procède des pouvoirs dont le corps législatif et le Roi sont investis ; qui obéit d'abord au pouvoir exécutif ; dont le premier objet est la défense du territoire commun, et le premier devoir, de marcher au secours de la souveraineté nationale, insultée par l'aggression des ennemis extérieurs , ou offensée par la résistance à la loi.

La première force est auxiliaire de la seconde , lorsqu'elle est requise par le gouvernement.

La seconde force est auxiliaire de la première , lorsqu'elle est requise par les municipalités.

Et par le fait de ces requisitions, l'une peut devenir publique, de particulière qu'elle était ; et l'autre devenir particulière, de publique qu'elle était.

Tels sont, si je ne me trompe, les principes fondamentaux qui doivent résoudre toutes les difficultés que présenteraient encore la constitution de la double force nationale, les rapports entre la force particulière et la force publique, la classification des auxiliaires et de la gendarmerie ; la relation de tous ces corps avec les municipalités , les corps administratifs et les deux parties intégrantes du gouvernement.

Les décrets rendus jusqu'à présent sur la constitution de l'armée de ligne et celle des gardes nationales , contredisent moins qu'ils ne sous-entendent ces importantes distinctions ; mais si elles avaient été nettement avouées , et si elles étaient devenues plus vulgaires , nous n'aurions pas vu le rapporteur du comité de constitution reculer devant la question qu'il importoit le plus de résoudre , lorsque traitant de l'organisation de la force publique , il refuse , page 11 de son rapport, de s'expliquer sur l'influence graduelle que les différentes autorités établies auront sur cette force.

Je n'ai point à discuter les questions que le comité de constitution a cru devoir laisser indécises ; mais je ne puis m'empêcher d'observer que si les distinctions que je viens de faire sont bien fondées , nous ne risquerons pas de voir passer en force de loi la confusion qui a régné jusqu'à présent dans le système des requisitions. La constitution ne permettra pas plus au corps législatif de régir les forces particulières sans l'a-

veu du roi, qu'au roi de mouvoir la force publique sans la surveillance du corps législatif. La
propriété des premières sera respectée dans les
municipalités ; et l'action du gouvernement sur
la dernière, sera réglée par les principes de la division des pouvoirs. Les municipalités useront
donc de leur force, sous la garantie de la responsabilité de leurs chefs, toutes les fois que la nation
n'aura pas le tems d'intervenir dans un conflit
où il s'agira de la préservation individuelle; mais
lorsque les corps administratifs agiront sur cette
force par ces requisitions dans lesquelles ils re-
présentent le corps législatif, il ne leur sera pas
donné, dans leur arrondissement, une puissance
plus indépendante que celle dont la constitution
aura revêtu le corps législatif lui-même, à l'égard
du royaume entier ; alors, dis-je, le roi et le
pouvoir exécutif qu'il préside, interviendront,
ou par eux-mêmes ou par leurs commissaires et
leurs agens, pour consentir et diriger un mouvement qui ne peut plus être que le résultat d'une
loi au moins provisoire, dès l'instant qu'il cesse
d'être le premier mouvement d'un individu naturel ou politique.

Je crois avoir assez clairement exposé mon
opinion sur ce qui distingue les loix constitutionnelles des loix naturelles et des loix réglementaires, pour n'avoir point à m'appesantir

sur ce qu'il y a de constitutionnel dans les décrets sur les gardes nationales, l'armée de ligne, les troupes auxiliaires et la gendarmerie nationale. Il me suffit de dire que je distribue ces matières en divers chapitres qui composent la totalité du titre V.

Titre VI.
Des Contributions publiques.

Maintenant la société est organisée et défendue : il faut subvenir aux frais de l'établissement public. Cette subvention est l'objet du titre sixième.

L'établissement public est alimenté par des *contributions* ; mais, on vous l'a déja observé avec beaucoup de sagacité, ces contributions pourraient être acquittées en nature de fonctions et de fournitures ; elles le peuvent être en denrées ou en espèces avec lesquelles l'Etat paie les fonctions et les fournitures ; il ne serait même pas impossible que chaque corps chargé d'une fonction publique fût mis à la solde immédiate de quiconque a recours à lui, et que l'établissement public se trouvât ainsi alimenté par des contributions particulières (1) : le choix entre

____

(1) Discours de M. Rœderer à la société de 1789, rédigé ensuite en rapport à l'Assemblée Nationale, au nom du comité de l'imposition, concernant les loix constitutionnelles des finances, 20 décembre 1790.

ces différens modes généraux de contributions, porte, à certains égards, les caractères d'une loi constitutive de la société.

Mais ce qui est sur-tout constitutionnel, c'est la distribution des pouvoirs qui déterminent les dépenses publiques, fixent la quotité des contributions, les asseoient, les recueillent, les emploient, surveillent ceux qui en ont le maniement, en poursuivent la responsabilité, la jugent. En cela, comme M. Rœderer l'a parfaitement démontré, il y a des fonctions qu'on peut appeler législatives, exécutives, judiciaires, mais dont aucune n'est partie nécessaire des pouvoirs qui ont reçu des dénominations pareilles. La délégation particulière de ces nouvelles facultés est l'objet spécial de la constitution des finances publiques. Quant à la répartition proportionnelle des contributions entre les contribuables, elle est de droit naturel ; et quant à leur forme, elle est de simple réglement.

Vous vous rappelez, Messieurs, que dans l'ordre méthodique dont je vous soumets les développemens, j'ai considéré la constitution comme achevée au sixième titre, et que j'ai consacré le septième aux moyens de la revoir. Vous savez aussi qu'en reléguant à la dernière place un

TITRE VII.

droit qui est le premier et le plus sacré des droits
politiques de la nation , je n'ai fait que suivre la
pente naturelle des idées qui ne peuvent s'arrêter sur un système de revision de la constitution , avant de l'avoir parcourue toute entière.
Aujourd'hui, l'ordre du raisonnement renvoie
bien plus loin encore le compte que j'ai à vous
rendre de mon opinion à cet égard ; puisqu'il
doit être précédé de la complette solution des
quatre questions que je me suis proposées ; et
dont je n'ai examiné jusqu'à présent que les
deux premières.

Je me bornerai donc , en ce moment , à me
résumer , et à fixer le point où nous nous trou-
vons après cette longue déduction de principes ,
et ces nombreux exemples de leur application.

J'ai d'abord essayé de reconnaître ce qui
devait être comparativement et exclusivement
appelé constitutionnel dans la série des loix ,
tant naturelles que conventionnelles , qu'un peuple ou ses représentans doivent déclarer ou peuvent faire.

J'ai ensuite fait l'application des observations
générales , aux loix qui organisent actuellement la
société française.

Non content d'y indiquer ce qui est constitutionnel , j'ai voulu indiquer tout ce qui est constitutionnel ; et dans la vue d'y parvenir , j'ai

proposé un arrangement de la constitution, capable de l'embrasser toute entière.

On peut faire autrement : et l'on fera mieux, sans doute ; car moi-même, avec plus de tems, je ferais mieux ; mais j'ai fait le premier ; et ce que j'ai fait est suffisant, puisque l'on a vu, à la faveur de ma méthode :

La déclaration des droits naturels de l'homme, présider à l'organisation de la société française ;

Le mode particulier de cette organisation être déduit de cette déclaration ;

La constitution s'ouvrir par l'énumération et l'usage des droits civils et politiques garantis aux Français ;

Le gouvernement que la nation se donne, être ensuite fondé ;

L'ordre public s'établir par la loi et pour la loi ;

La force publique le protéger ;

Les contributions publiques l'alimenter ;

L'association a donc été examinée dans ses droits, ses pouvoirs, ses facultés, ses forces, ses moyens : elle l'a donc été dans tout ce qui la constitue ; et elle n'a été examinée que dans ce qui la constitue distinctivement, puisque j'ai renvoyé à la loi naturelle tout ce que nulle société ne peut refuser de reconnaître, et abandonné aux dispositions réglementaires tout ce que chaque société peut adopter ou rejetter, quelle que soit son organisation.

Personne ne me contestera donc le droit de répondre à la seconde question proposée, qu'*il est possible d'indiquer, dans le nombre des loix que l'Assemblée Nationale a décrétées et décrétera, celles qui doivent former exclusivement la constitution française.* Et tout le monde s'appercevra, en outre, que cette constitution, également affranchie des étroites limites où M. de Casaux veut la renfermer, et indépendante des nombreux détails dont plusieurs comités la surchargent, peut être contenue en moins de pages que je n'en ai employé à l'exposer.

Fin de la première Partie.

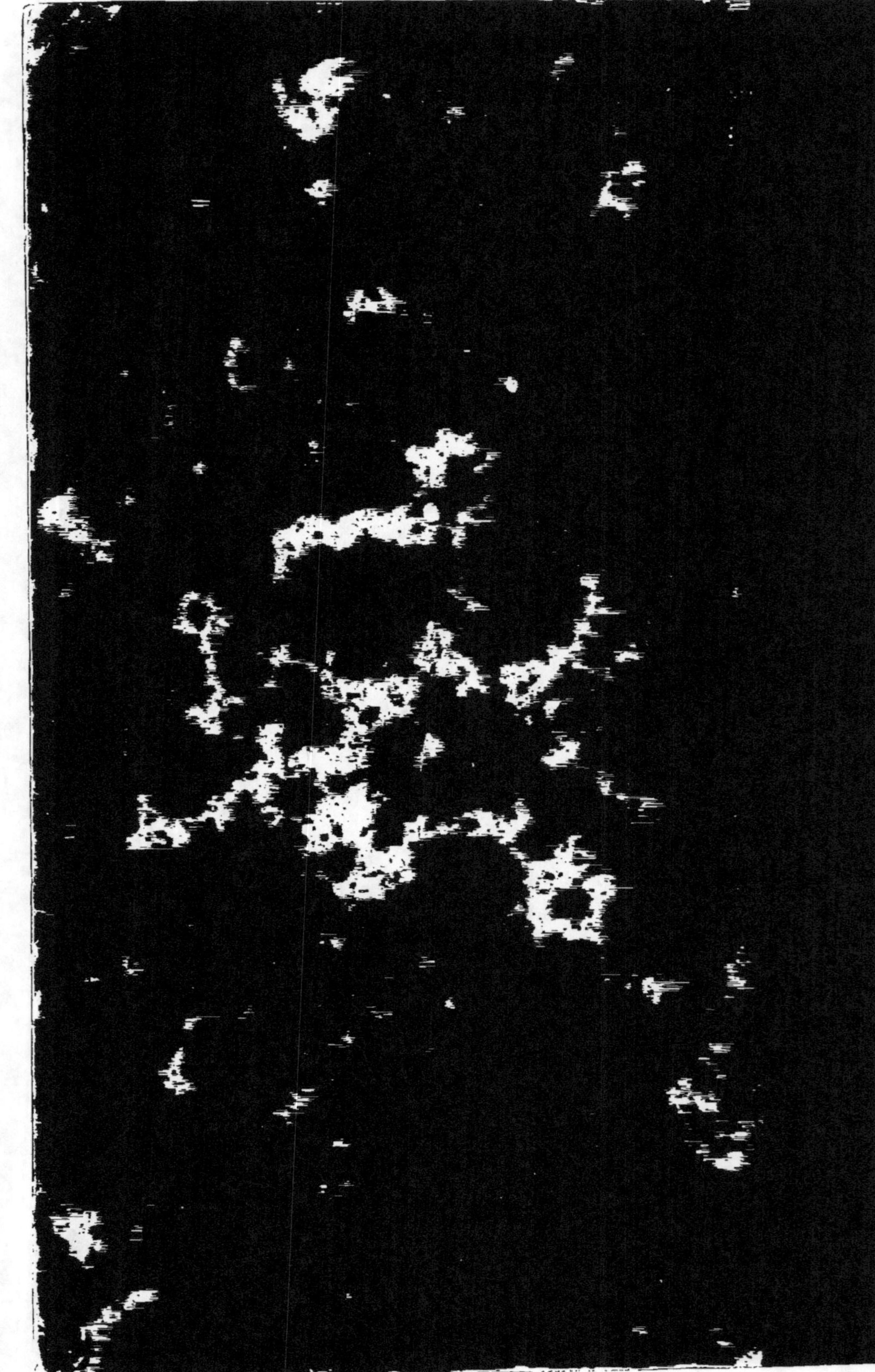

9 782013 379571